रणभूमि में, मैं हूँ नहीं

अंकुश शर्मा

Made with ♥ on the Notion Press Platform
www.notionpress.com

इस पुस्तक की सभी रचनाएँ मैं परमात्मा को समर्पित करता हूँ, जिनकी अनंत कृपा और आशीर्वाद से ये सभी काव्य-रूप में जीवित हुई हैं। इन विचारों और शब्दों के पीछे मेरा कोई निजी योगदान नहीं है, मैं तो केवल एक निमित मात्र हूँ, परमात्मा की आशीर्वादपूर्ण उपस्थिति के बिना यह संभव नहीं था। मैं उनकी प्रेरणा और दिव्य मार्गदर्शन का आभार व्यक्त करता हूँ। यह सब उनकी इच्छा और कृपा से ही संभव हुआ है ।

क्रम-सूची

क्रम-सूची

प्रस्तावना

यह पुस्तक किसी कवि के द्वारा नहीं लिखी गई है, अपने विचारों को व्यक्त करने के लिए एक सामान्य व्यक्ति द्वारा कुछ शब्द जोड़े गए हैं। मुझे लिखने का अधिक ज्ञान नहीं है और न ही इस वजह से यह लिखी गई थी कि कहीं प्रकाशित करवाया जाए । अपने विचारों को व्यक्त करने के लिए कविताओं के माध्यम से एक कोशिश है ।

संभव है कि आपको यह अच्छी लगे, या यह भी हो सकता है कि आपको यह व्यर्थ लगे, क्योंकि हर मनुष्य का अनुभव दूसरों से भिन्न होता है, यह भी संभव है कि आपके विचार मेरे विचारों से मेल न खाते हों, क्योंकि आपके अनुभव मेरे अनुभवों से भिन्न हैं, हर व्यक्ति के अपने विचार होते हैं, जो दूसरों से भिन्न होते हैं, व्यक्ति कभी भी पूर्णतः एक समान नहीं सोच सकते चाहे उनके विचार कितने भी मिलते हों, फिर भी कुछ भिन्नता रह ही जाती है और यही भिन्नता उन्हें एक अलग पहचान देती है ।

लेकिन अनुभव और विचारों की भिन्नता में भी एकत्व छिपा रहता है, जो हम सभी को आपस में जोड़े रखता है , उस एकत्व को ध्यान में रखते हुए मैं आशा करता हूं कि आप मेरे भावों को समझ पाएंगे क्योंकि कहीं न कहीं तो आपके और मेरे विचारों में समानता होगी और आप कविताओं के पीछे छिपे भाव और दर्शन को समझ पाएंगे । कविताओं का उद्देश्य है कि पाठक अपने भीतर की जिज्ञासाओं को समझें और जीवन के अस्तित्व और उद्देश्य पर विचार करें । यह पुस्तक उन सभी लोगों के लिए है जो अपने जीवन के उद्देश्यों और अस्तित्व के बारे में सोचते हैं, और जिनके मन में जीवन के वास्तविक अर्थ को जानने की इच्छा है।

इस पुस्तक में, किसी भी प्रकार की गलती, चाहे भाषा, व्याकरण या लेखन शैली से संबंधित हो,

उसके लिए मैं क्षमा चाहता हूं।

भूमिका

प्रत्येक मनुष्य में कहीं न कहीं एक जिज्ञासा छिपी होती है, और वही उसे सोचने पर मजबूर करती है। यही जिज्ञासा उसके मन में प्रश्न उत्पन करती है, और उन्ही प्रश्नों के उत्तर प्राप्त करने के लिए वह व्याकुल रहता है । उन प्रश्नों को नजरंदाज कर दिया जाए तो अलग बात है, किन्तु उन्हे अहमियत दी जाए , तो बहुत से संदेह उत्पन हो जाते हैं ।

यह एक युद्ध के समान है जहां कोई और आपसे युद्ध नहीं करता किंतु आप स्वयं से ही युद्ध करते हो, यह युद्ध आपके और आपके प्रश्नों के बीच होता है, ये जो प्रश्न हैं, वे बाणों के समान होते हैं, जो आपको एक घाव देते हैं और आपके भीतर एक व्याकुलता उत्पन्न कर देते हैं ।

इस पुस्तक का शीर्षक तो कुछ और भी हो सकता था, परंतु कहीं न कहीं यही शीर्षक उपयुक्त प्रतीत होता है, क्योंकि इस पुस्तक में जितनी भी कविताएं हैं, उनकी रचना एक जिज्ञासा पर ही निर्भर रही है, यही वह जिज्ञासा है जो प्रश्न उत्पन्न करके हमें सोचने पर मजबूर करती है, और रणभूमि में न होते हुए भी हम निरंतर एक युद्ध लड़ते रहते हैं।

आमुख

प्रश्नों की सत्ता हमेशा ही उत्तरों से ज्यादा रही है। प्रश्नों में एक सुरूर होता है, परन्तु उत्तर प्राप्त हो जाने तक ही उस सुरूर की सत्ता रहती है। जब तक हमारे दिमाग में कोई प्रश्न घूमता है, वह हमें व्याकुल रखता है। हम किसी खोज में डूबे रहते हैं, हमें सुकून नहीं मिलता, उस प्रश्न की अहमियत इतनी बढ़ जाती है कि हर समय हमें उसी का विचार रहता है।

हम सोचते रहते हैं कि आखिर ऐसा क्या हो सकता है जो उत्तर बनकर आएगा और हमारी व्याकुलता शांत होगी। पर वो सुरूर तो केवल प्रश्नों में ही होता है, जब उत्तर मिल जाता है तो वह सुरूर ही समाप्त हो जाता है, फिर हम समझ जाते हैं कि इतनी आसान चीज़ के पीछे हम व्याकुल हो रहे थे, और समझते हैं कि अपनी बुद्धि का थोड़ा और इस्तेमाल किया होता तो हमारी विपत्ति का समाधान पहले ही हो गया होता।

उत्तर मिलने की ख़ुशी भी क्षण भर की होती है, प्रश्न अपनी सत्ता बनाए रखता है, क्योंकि उत्तर में कुछ ऐसा होता ही नहीं जो आपके मन को विचलित करे और सोचने पर मजबूर करे, जो प्रश्न स्वयं आपके मन में उठता है उसकी बराबरी कोई उत्तर नहीं कर सकता। प्रकृति ने भी हमारे साथ कुछ ऐसा ही किया है, स्वयं को परदे के पीछे छिपा लिया है और हमें बहुत से प्रश्नो के साथ छोड़ दिया है, ताकि हम भी उस खोज में डूबे रहें। वह प्रश्न कुछ भी हो सकते हैं चाहे वह हमारे अस्तित्व से संबंधित हो या हमारे जीवन के उद्देश्य से। आखिर हम यहाँ कर क्या रहे हैं ? किसने हमारा निर्माण किया है और क्यों ? किसने इस संसार का निर्माण किया है और क्यों ? वास्तव में कोई है भी या नहीं ? वह दिखने में कैसा है ? या शायद दिखाई ही नहीं देता । शायद उत्तर मिल जाने पर खोज ही समाप्त हो जाएगी, और कुछ शेष ही नहीं रहेगा । तभी सत्य खोजने में इतना समय लग रहा है , या फिर हो सकता है सत्य से अवगत हो जाने पर किसी खोज की आवश्यकता ही न रहे , तब तक शायद यह व्याकुलता ऐसे ही बनी रहे, और ये प्रश्न अपनी सत्ता को बरकरार रखें ।

आमुख

पावती (स्वीकृति)

सभी रचनाएँ परमात्मा को समर्पित है , उनकी प्रेरणा और कृपा के बिना मैं इन्हेँ कभी न लिख पाता।

उनकी अनंत कृपा के लिए मैं सच्चे हृदय से आभारी हूँ।

1. रणभूमि में, मैं हूं नहीं

"रणभूमि में, मैं हूं नहीं,
फिर युद्ध क्यों मैं लड़ता हूं ?
ना दुश्मन और ना दोस्त कोई,
बस खुद से ही झगड़ता हूं !"

"बाणों समान सवाल मेरे,
सीना भेद कर जाते हैं !
उत्तर इनका मिलता नहीं,
बार-बार सताते हैं !
जीत का कोई शौक नहीं,
और ना ही हार से डरता हूं !"

"रणभूमि में, मैं हूं नहीं,
फिर युद्ध क्यों मैं लड़ता हूं ?"

"प्रश्न मेरे है मार्गदर्शी,
या पथ से मुझे भटकाते हैं !
किस ओर था मैं जा रहा ,
किस ओर मुझे ले जाते हैं !
कभी देखूं ना मैं इनकी ओर,
कभी डोर इनकी ही पकड़ता हूं !"

"रणभूमि में , मैं हूं नहीं ,
फिर युद्ध क्यों मैं लड़ता हूं !"

2. चकाचौंध इस शहर की

"देख चकाचौंध इस शहर की,
सोचा इंसान भी कितना अनूठा है !
सुयोजित किया बाहरी दुनिया को,
भीतर का कण - कण टूटा है !"

"लगाता महफिल बाजारों में,
और पड़ोसी अपने से ही रूठा है !
देख चकाचौंध इस शहर की,
सोचा इंसान भी कितना अनूठा है !"

"दिखावे का बाहर पहने पर्दा,
झांक भीतर कितना झूठा है !
मंदिर में जाके क्या धूप जलाए,
तेरा प्रभु भी तुझसे रूठा है !
सुयोजित किया बाहरी दुनिया को,
भीतर का कण-कण टूटा है !"

"भ्रम में पलता चतुरता की,
पर स्वयं को स्वयं ही लूटा है !
सुयोजित किया बाहरी दुनिया को,
भीतर का कण-कण टूटा है !"

"देख चकाचौंध इस शहर की,
सोचा इंसान भी कितना अनूठा है !
सुयोजित किया बाहरी दुनिया को,
भीतर का कण-कण टूटा है।"

3. भूल गये रंगमंच

"किरदार निभाने आए जो,
वे भूल गए रंगमंच है !
भूल गए अस्तित्व ही,
यहां कोना-कोना प्रपंच है !"

"ना स्मरण है अब सत्य का,
ना याद रहा है चित्त ही !
नश्वर है जो किरदार उसपे,
बस जता रहे स्वामित्व ही !
निदेशक है न सामने,
दूर तक बस मंच है !
भूल गए अस्तित्व ही,
यहां कोना कोना प्रपंच है !"

"कभी लगता हम सिर्फ प्यादे हैं,
कोई खेल रहा शतरंज है !
निभा रहे किरदार यहां,
यह जीवन एक रंगमंच है !
भूल गए अस्तित्व ही,
यहां कोना-कोना प्रपंच है !"

"किरदार निभाने आए जो,
वे भूल गए रंगमंच है !
भूल गए अस्तित्व ही,
यहां कोना-कोना प्रपंच है !"

4. निरंतरता

"निरंतर बढ़ते वृक्ष यहां,
निरंतर खिलती बागों में कलियां है !
निरंतर फसलों से भरे हैं खेत सभी,
निरंतर रौनकों में शहरों की गलियां है !"

"सर्वदा के लिए है निरंतरता,
निरंतर बस बदलाव है !
कल जो गहरे थे बहुत,
आज भर गए वे घाव हैं !
किनारे का कन्ही निशान नहीं,
हर मोड़ पे नया पड़ाव है !
आंधियां आती कितनी मगर,
निरंतर चलती जीवन की नाव है।"

"कल की फिक्र में कुछ नही,
जो आज को भूल जाऊं मैं !
जो सामने है वह आज ही है,
क्यों ना इसमें ही घुल जाऊं मैं !"

"आने जाने का किस्सा रहेगा चलता,
सुनसान होगी न गलियां है !
मुसाफिर यहां आते जाते मगर,
निरंतर रहती यह रंगरलयां है !
निरंतर फसलों से भरे हैं खेत सभी,
निरंतर रौनकों में शहरों की गलियां है !"

"निरंतर बढ़ते वृक्ष यहां,
निरंतर खिलती बागों में कलियां है !
निरंतर फसलों से भरे है खेत सभी,
निरंतर रौनकों में शहरों की गलियां है।"

5. जब घेरा अंधकार ने

"जब घेरा अंधकार ने,
तो साया भी साथ छोड़ चला !
यूं साथ था हमेशा मगर,
इस वक्त वो मुंह मोड़ चला !"

"जाते-जाते कुछ कह गया,
अब साथ तेरे और कोई नहीं !
जो तेरे अंतर्मन को जाने,
वह तू ही बस और कोई नहीं !"

"यूं चारों ओर तेरे भीड़ है,
इस भीड़ में तेरा कोई नहीं !
जो तुझको पहचानता है,
वह तेरे सिवा और कोई नहीं !"

"एक मैं ही तेरे साथ था,
पर वह भी अब मुंह मोड़ चला !
जब घेरा अंधकार ने,
तो साया भी साथ छोड़ चला !"

6. किसने बताया

"किसने बताया नदियों तुम्हें ,
है इसी दिशा में बहना ?
पहाड़ों से कर शुरुआत,
मिलकर सागर में रहना !"

"किसने सिखाया पेड़ पौधों तुम्हें ,
निरंतर बढ़ते रहना ?
छांव देकर आगंतुक को,
स्वयं धूप को सहना !"

"जो समय गरजने और बरसने का,
स्वयं ही अब जानते !
किसने दिया अंबर तुम्हे,
बादलों का श्वेत यह गहना ?"

"कौन सिखाता कोयल तुझे,
संगीत की मधुर धुन यहां ?
कहने पर किसके कौवे,
तूने परिधान है काला पहना !"

"किसने बताया नदियों तुम्हें ,
है इसी दिशा में बहना ?
पहाड़ों से कर शुरुआत,
मिलकर सागर में रहना।"

7. एक जैसी ना तुम्हारी दुनिया हमारी दुनिया

"इसी दुनिया में तुम भी,
हम भी !
फिर भी एक जैसी न,
तुम्हारी दुनिया,
हमारी दुनिया !"

"इसी दुनिया में राजा है ,
इसी दुनिया में है रंक भी,
फिर भी एक जैसी न,
दोनों की दुनिया !"

"राजा की दुनिया में,
दुनिया भर की ऐश,
और आराम !
रंक की दुनिया में,
न दो पल की चैन ,
न दो पल का आराम !"

"इसी दुनिया में है अमीर भी,
इसी दुनिया में फकीर भी !
धन दौलत आयशी में है फंसा अमीर,
फकीर को पकड़ रही ना कोई जंजीर !"

"एक ही दुनिया में रह रहे दोनो,
फिर भी एक जैसी न,
दोनों की दुनिया !"

"इसी दुनिया में धनवान है,
इसी दुनिया में भिखारी भी !
इसी दुनिया में दयाभाव है,
इसी दुनिया में खुद्दारी भी !"

"इसी दुनिया में शेर है,
इसी दुनिया में शिकारी भी !
इसी दुनिया में भटकते दोनों,
फिर भी एक जैसी ना दोनों की दुनिया !"

"इसी दुनिया में तुम भी,
हम भी !
फिर भी एक जैसी न ,
तुम्हारी दुनिया,
हमारी दुनिया !"

8. तार छिड़ी है कैसी

"तार छिड़ी है कैसी यह ,
जो पर्वतों का निर्माण हुआ ?
कहीं भीड़ हुई चौराहों पर,
तो कोई रास्ता सुनसान हुआ !"

"कहीं नदियों में बहने लगा पानी,
कहीं झीलों में ही रुक गया !
कहीं वृक्ष झूले हवा के झोंकों से,
कहीं फल लगने पर है झुक गया !"

"कहीं समंदर की गहराई में,
व्यतीत जीवन करने लगा कोई !
कहीं दूर पहाड़ों पर ढका,
बर्फ में अनजान हुआ !"

"तार छिड़ी है कैसी यह,
जो पर्वतों का निर्माण हुआ ?
कहीं भीड़ हुई चौराहों पर,
तो कोई रास्ता सुनसान हुआ !"

९. प्रतिपल चलती सांसों की माला

"प्रतिपल चलती सांसों की माला,
किसी चमत्कार से कम है क्या ?
टिक पाए प्रकाश की,
एक किरण के आगे,
अंधकार में इतना दम है क्या ?
रणभूमि यह ऐसी, महारथी भी यहां टिक न पाए
छोटे सैनिक फिर यहां हम है भी क्या ?"

"प्रतिपल चलती सांसों की माला,
किसी चमत्कार से कम है क्या ?"

द्वापर युग में जो स्थिति रणभूमि में खड़े अर्जुन की थी, वही स्थिति आज हमारी भी है । अंतर बस इतना है कि यहां कोई दूसरा हमारा प्रतिद्वंदी नहीं है, यह युद्ध अपने ही विरुद्ध है ।

हम भी अर्जुन की भांति ही असमंजस में हैं और अपने धनुष को छोड़ कर अपनी खामियों से लड़ना नहीं चाहते । ऐसे में हमें भी श्री कृष्ण जैसे सारथी की आवश्यकता है, जो हमारे रथ को सही दिशा में ले जाएं और हमारा सही मार्गदर्शन करें ।

कलयुग के अर्जुन के पास भी सारथी के रूप में श्री कृष्ण तो हैं, परंतु वह बाहर बैठ कर रथ नहीं हांक रहे , वे तो हमारी अंतरात्मा के रूप में भीतर ही विराजमान है और हमारा मार्गदर्शन करते हैं, परंतु हम अज्ञान के आवरण से ढके हुए हैं और बस अंधकार में ही रहना चाहते हैं, ज्ञान को ही शस्त्र मानकर हमें इस अंधकार से विजय प्राप्त करके प्रकाश की तरफ बढ़ने की आवश्यकता है।

10. कलयुग के अर्जुन

"चल उठ तू कलयुग के अर्जुन,
उठा शस्त्र और युद्ध कर !
शास्त्र ही तेरे शस्त्र हैं,
ज्ञान तेरा ब्रह्मास्त्र है !
कोई दूसरा नहीं तेरा प्रतिद्वंदी,
तू अपने ही विरुद्ध कर !"

"चल उठ तू कलयुग के अर्जुन,
उठा शस्त्र और युद्ध कर !"

"दुर्योधन तेरे सामने,
अहंकार बनकर है खड़ा !
मिटा सकता है जो इसे,
शीलता अस्त्र तेरे पास पड़ा !
क्यों अज्ञान के आवरण से,
अपने नेत्रों को ढकता है !
तेरी इस छोटी भूल के कारण,
ये अहंकार हो रहा तुझसे बड़ा !"

"अविद्या को तू नष्ट करके,
स्वयं को तू बुद्ध कर !
चल उठ तू कलयुग के अर्जुन,
उठा शस्त्र और युद्ध कर !
कोई दूसरा नहीं तेरा प्रतिद्वंदी,
तू अपने ही विरुद्ध कर !"

"भीतर हैं सभी शत्रु तेरे,
बाहर तू सबको अपना मान !
वास्तविकता से अभी तू नहीं परिचित,
इस माया को तू सपना जान !
ईर्ष्या द्वेष को त्याग कर,
मन अपने को शुद्ध कर !"

"चल उठ तू कलयुग के अर्जुन,
उठा शस्त्र और युद्ध कर !
कोई दूसरा नहीं तेरा प्रतिद्वंदी,
तू अपने ही विरुद्ध कर !"

11. माया की रंगरलियां

"हजारों चेहरे हैं घूम रहे,
इस शहर की गलियों में !
सब के सब यहां है खोए,
माया की रंगरलियों में !"

"भटक रहे हैं बिन मतलब,
या कोई इन्हें भटका रहा ?
परेशान क्यों लग रहे ये इतने,
क्या कोई इन्हें सूली पर लटका रहा ?"

"भागदौड़ है क्यों इतनी,
और कौन उन्हें है भगा रहा ?
मन मेरा ये मुझसे है कहता,
बात किसको तू ये बता रहा ?
तू भी तो इनका ही हिस्सा है,
फिर क्यों आरोप इनपे है लगा रहा ?"

"इस भागदौड़ से दूर कहीं,
ढूंढ खुशबू फूलों की कलियों में !
छोड़ सारी ये बातें व्यर्थ,
तेरा काम क्या इस शहर की गलियों में !"

"सब के सब यहां खोए हैं,
माया की रंगरलियों में !
हजारों चेहरे हैं घूम रहे,
इस शहर की गलियों में।"

12. ये यमदूत कहां से आ रहे

"ये यमदूत कहां से आ रहे?
कहां मुझको बांधकर ले जा रहे ?
थोड़ी रोटी मुझको खाने दो,
थोड़ी साथ भी ले जाने दो !
सारी उम्र रखा मैंने बैर सभी से,
अब दो घड़ी तो बतलाने दो !"

"मेरे अपने ही भाई बंधु मुझको,
जलती आग पर क्यों सुला रहे ?
राख बनाकर शरीर मेरा,
मुझे गंगा में क्यों बहा रहे ?"

"क्या मेरा भी यही अंत था ?
शरीर मेरा लगता मुझे अनंत था !
मेरे अपने ही भाई बंधु मुझको,
जलती आग पर क्यों सुला रहे ?
ये यमदूत कहां से आ रहे,
कहां मुझको बांधकर ले जा रहे !"

13. किताबें किस काम आई

"इतने सालों की पढ़ाई,
मेरी सोच ना बदल पाई !
आज भी वही हूं तो,
किताबें किस काम आई ?"

"नीति शास्त्र में पढ़ा था कुछ,
जो अब शायद याद नहीं !
पहले सब दिमाग में था,
इम्तेहान के बाद नहीं !"

"इंसान तो शायद लगता हूं,
पहनावे से अपने मैं !
सोच मेरी देखोगे तो,
कहलाने के लायक नहीं !"

"आज भी करता हूं,
लोगो के बीच रंग भेद मैं !
काले को देख हंसता हूं,
भले ही नकली सफेद मैं !"

"आज भी किसी के,
आचरण से ना जानू उसको !
बिना बाहरी रूप देखे,
गुणवान ना मानू उसको !"

"फितरत है मेरी ये,
या यूं ही सोच कहीं से आई ?
आज भी वही हूं तो,
किताबें किस काम आईं ?"

"

सबका करना चाहिए सम्मान,
हमने यही तो सीखा था !
मोटे-मोटे अक्षरों में,
यही तो लिखा था !
मैं तो आज भी करूं,
अपमान हर एक का !
मेरे लिए उस स्याही का,
शायद रंग थोड़ा फीका था !"

"पढ़ाया तो शायद यह भी था,
हम सब एक जैसे हैं !
लेकिन इज्जत सिर्फ उसकी करूं,
जिसके पास पैसे हैं !
गरीब तो मेरे लिए,
पैरों की बस धूल है !
उनके साथ संबंध रखना,
मेरे लिए फिजूल है !"

"इतने सालों की पढ़ाई,
मेरी सोच ना बदल पाई !
आज भी वही हूं तो,
किताबें किस काम आई !"

"किसी को आगे बढ़ता देख,
क्यों जलन सी मुझे होती है ?
बेकार बैठा देख मुझे,
किस्मत भी मेरी रोती है !
कोसता हूं किस्मत को,
और कुछ मुझे आता नहीं !
खुद भी थोड़ी मेहनत करना,
मेरे मन को भाता नहीं !"

"देखा देखी में चलके,
खुद को महान पाता हूं !
बिना किसी की बात समझे,
बेवजह ही भिड़ जाता हूं !
क्योंकि गलत को सही मानने की,
कसम है मैने खाई ?
आज भी वहीं हूं तो,
किताबें किस काम आई ?"

"इस जिंदगी की भीड़ में,
सबसे आगे बस रहना चाहता हूं !
सिर्फ मैं ही एक महान हूं,
बस इतना कहना चाहता हूं !"

"आचंभित हो जाता हूं कि,
सीखा कैसे बातें ये सब ?
जिसमे ये बताया था,
वो पाठ पढ़ा था मैंने कब ?
शायद शिष्टाचार का आजकल,
यही सही अर्थ है !
किताबे खोलके कुछ सही,
सीखना तो बस व्यर्थ है !"

"बुराई करूं हमेशा,
पीठ पीछे लोगों के !
सामने में ऐसे जैसे,
मुझसे अच्छा कोई नहीं !
झूठ ही बोलूं हमेशा,
मैं दिन रात बेशक !
फिर भी बस यही समझूं ,
मुझसे सच्चा कोई नही !"

"इतने सालों की पढ़ाई,
मेरी सोच ना बदल पाई !
आज भी वहीं हूं तो,
किताबें किस काम आई ?"

14. कोई राह ऐसी भी होगी

"कोई राह ऐसी भी होगी कहीं,
जो किसी मंज़िल को न जाती हो !
जो अंत से अपने होकर शुरू,
अंत में ही मिल जाती हो !"

"जिसपे चलने वाले को,
मंज़िल की न फ़िक्र कोई !
वह राह स्वयं मंज़िल और,
हमराही भी बन जाती हो !"

"कोई राह ऐसी भी होगी कहीं,
जो समझ में किसी के न आती हो !
जो चल पड़ा सफर पर उसके,
कण - कण में ही बस जाती हो !"

"मुसाफिर बनाकर खुद से ही,
फिर पदचिन्ह उन्हें दिखलाती हो !
भटकाकर खुदको ही रास्ता वह,
फिर खुदको ढूंढ कर पाती हो !"

"आनंद सफर का ही हो उसपे,
और कोई व्यथा न उसपे सताती हो !
वहां चलने वाला न चलता स्वयं,
वह हर चीज स्वयं चलाती हो !"

"कोई राह ऐसी भी होगी कहीं,
जो किसी मंजिल को न जाती हो !
जो अंत से अपने होकर शुरू,
अंत में ही मिल जाती हो।"

15. अंबर का तोहफा

"ये बूंदे ,
सिर्फ बूंदे नहीं,
अंबर का एक तोहफा है !
पिघला के बादलों को,
धरा पे उसने जो भेजा है।"

"रंग नहीं है कोई इन,
छोटी - छोटी बूंदों का,
फिर भी रंगीन धरा को करती है !
ना शांत है ना उग्र है आवाज जो,
इन बूंदों का अलग ही एक लहजा है !"

"कोई संदेश गगन का लेकर,
धरती पे आके गिरती है !
संदेश है कुछ ऐसा की,
खिल उठती पूरी ये धरती है !"

"ये बूंदे ,
सिर्फ बूंदे नहीं,
अंबर का एक तोहफा है !
पिघला के बादलों को,
धरा पे उसने जो भेजा है।"

16. मेरे सोने पर है जो जाग रहा

"मेरे सोने पर है जो जाग रहा,
मैं उसकी तलाश में निकला हूं !
जो निद्रा में न जाग रहा,
उस शरीर को समझ लाश मैं निकला हूं !"

"कहीं दूर नहीं वह पास ही है,
मुझमें " मैं " बनकर ही छिपा बैठा है !
दूर दूर है तीर्थ बहुत,
मैं तो बस पास में निकला हूं !"

"आकाश में ही उड़ रहा ,
और ढूंढने आकाश ही निकला हूं !
जल्द मिलेगा मुझको वह ,
मन में लिए आस यह निकला हूं !"

"नाम उसका है मेरा रास्ता,
उसकी ही लिए हर स्वास मैं निकला हूं !
मेरे सोने पर है जो जाग रहा,
मैं उसकी तलाश में निकला हूं। "

रणभूमि में, मैं हूँ नहीं

17. इस ओर , उस ओर

"इस ओर सुबह की पहली किरन,
उस ओर शाम है खींच रही !
इस ओर तृप्त है मन मेरा,
उस ओर अधूरी हर रीझ रही ।"

"इस ओर गरजे अभी बादल भी ना,
और मंद मंद सी धूप है !
उस ओर तो जैसे सावन है,
और वर्षा सींच हर चीज रही ।"

"उस ओर हरियाली है खेतों में,
इस ओर फसल अभी बीज रही !
इस ओर सुबह की पहली किरन,
उस ओर शाम है खींच रही।"

"इस ओर जाने शिशु को ना कोई,
उस ओर हस्ती उसकी अजीज रही।
इस ओर खुली है आंख अभी,
उस ओर आंखे स्वयं अब मीच रही ।"

"इस ओर शुरू हकलाना भी ना,
उस ओर हर शब्द की तमीज रही।
इस ओर सुबह की पहली किरन,
उस ओर शाम है खींच रही ।"

18. मैं हूँ या नहीं

"मैं हूं नहीं,
हूं ये जानता,
मगर जानता हूं ,
तो हूं भी मैं !"

"हो सकता है मेरे होने का,
वहम भी तो मुझको !
मगर वहम मुझको है ,
तो हूं भी मैं !"

"आईने में देखा है खुदको,
ना जाने कितनी दफा !
मगर होता न यकीन,
के यही हूं मैं !
अगर यही होता मैं,
तो यही होता मैं !
फिर तस्वीरें क्यों कहती है ,
के यह नहीं हूं मैं ?"

"मैं हूं नहीं,
हूं ये जानता !
मगर जानता हूं,
तो हूं भी मैं।"

रणभूमि में, मैं हूँ नहीं

"मैं हूं नहीं,
हूं ये जानता !
मगर जानता हूं,
तो हूं भी मैं।"

19. ये भी और वो भी

"ये भी और वो भी,
यहां भी और वहां भी !
आंखें देखे जो कुछ मेरी और ये कान सुने जहां भी !"

"ये भी और वो भी,
यहां भी और वहां भी !
ये वेदांत क्या है कह रहा,
मिथ्या है ये जहां भी ?"

"ये भी और वो भी,
यहां भी और वहां भी !
जिस सुख को हूं जी रहा और जो दुख मैने है सहा भी !
जो कुछ हूं मैं सुनता और है जो भी मैने कहा भी !
ये वेदांत क्या है कह रहा,
मिथ्या है ये जहां भी ?"

"ये भी और वो भी,
यहां भी और वहां भी !
जहां गुजारी रातें मैंने, हूं जहां दिन में रहा भी !
ख्वाईशें पूरी की जो भी और जो कुछ मैंने चाहा भी !
ये वेदांत क्या है कह रहा,
मिथ्या है ये जहां भी ?"

"ये भी और वो भी,
यहां भी और वहां भी,
जितनी श्वासें भरी है अबतक, जितना लहू रगों में बहा भी !
आंखें देखे जो कुछ मेरी और ये कान सुने जहां भी !
ये वेदांत क्या है कह रहा,
मिथ्या है ये जहां भी ?"

20. पुष्प सुशोभित कमल का तू

"पुष्प सुशोभित कमल का तू ,
मैं तुझपे ठहरी एक बूंद पिया !
मेरा अपना कोई अस्तित्व नहीं,
तेरी दया से ही हर क्षण है जिया !"

"मेरी आती जाती सांसे भी तू ,
उन सांसों में तेरा ही नाम पिया !
मेरा कर्म भी अपना कोई नहीं,
हर कार्य है तूने स्वयं किया !"

"मैं तब-तब भटका मार्ग से,
मैंने जब-जब तुझे न याद किया !
पुष्प सुशोभित कमल का तू ,
मैं तुझपे ठहरी एक बूंद पिया !"

"इस जगत में जितने घाव मिले,
तूने चुन -चुन कर हर एक सिया,
मेरा अपना कोई अस्तित्व नहीं,
तेरी दया से ही हर क्षण है जिया ।"

21. परिधान

"भरे कैसे वो रंग प्रभु ,
मेरा परिधान ही काले रंग का है ।
मैला मन है दोष बहुत,
चरित्र मेरा अपंग सा है ।"

"श्वेत अगर मैं होता तो,
प्रतिबिंब उसका होता मुझपर,
कैसे चित्रित करे खुदको,
मेरा परिधान ही काले रंग का है ।"

"कैसे नजर आए छवि उसकी,
मेरी आंखों में ही धूल है !
मेरी आंखें देखे दस कांटो को,
जहां दिए हजारों फूल है !"

"मैला मन है दोष बहुत,
चरित्र मेरा अपंग सा है।
भरे कैसे वो रंग प्रभु ,
मेरा परिधान ही काले रंग का है ।"

22. तेरा दर यहां पर तू कहां ?

"दरबार पे तेरे बैठ के सोचूं ,
तेरा दर यहां पर तू कहां ?
वहां-वहां तेरा पता नहीं,
मेरी नजर है पहुंची जहां-जहां !"

"और जहां-जहां अस्तित्व तेरा,
मेरी सोच न पहुंचे वहां-वहां,
क्या कहूं मुझे तू ही बता,
जहां में तू ,
या तू ही जहां ?"

"वहां-वहां तेरा पता नहीं,
मेरी नजर है पहुंची जहां-जहां !
दरबार पे तेरे बैठ के सोचूं ,
तेरा दर यहां पर तू कहां।"

23. दोपहर मिले उपहार में

"दोपहर मिले उपहार में लाखों,
पर मंदबुद्धि उन्हें मैं समझ न पाया !
जो मिला था उसको व्यर्थ गंवाकर,
जो मिला न उसका शोक मनाया !"

"कभी धरा के न सुने संगीत,
ना मन को कभी शांति में लहराया !
क्षणभंगुर वस्तुओं को हर क्षण गंवाकर,
क्षण-क्षण उनका ही शोक मनाया !"

"दोपहर मिले उपहार में लाखों,
पर मंदबुद्धि उन्हे मैं समझ न पाया !
जो मिला था उसको व्यर्थ गंवाकर,
जो मिला न उसका शोक मनाया !"

24. कुछ तो लिखना चाहता हूं

"कलम उठी है फिरसे मेरी,
मैं कुछ तो लिखना चाहता हूं !
निकाल स्वयं को भीतर से अब,
कागज पर दिखना चाहता हूं !"

"रूप लिया है स्याही का,
मेरे भीतर की आवाज ने !
इस आवाज को भरकर कलम में अब,
बड़े सुर में लिखना चाहता हूं !"

"मोल मेरा न कोई लगाना,
केवल शब्दों में बिकना चाहता हूं !
बनकर भाव कोई गहरा सा मैं,
इन शब्दों में छिपना चाहता हूं ।"

"मंत्र मुग्ध करदेते हैं मन को,
रूह की तारों को छेड़ जाते हैं !
इन शब्दों का मैं बनकर शिष्य,
यह करतब सीखना चाहता हूं।"

"कलम उठी है फिरसे मेरी,
मैं कुछ तो लिखना चाहता हूं ,
निकाल स्वयं को भीतर से अब,
कागज पर दिखना चाहता हूं।"

25. कभी था मैं कल में

"कभी था मैं कल में,
कभी था मैं कल में,
कभी बीते कल में,
कभी जो आया ना उस पल में !"

"पर जब आज है मेरे सामने,
तो रहूं क्यों मैं कल में ?
क्यों रहूं बीते कल में ?
या आने वाले पल में !
ये आज ही है असल में ,
मुझे कपट दिखे थोड़ा कल में !"

"छोड़ के कल को पर ,
आज जब मैं आज में हूं ,
तो जैसे हर शय को है जीत लिया,
और जैसे कर रहा राज मैं हूं !"

कभी था मैं कल में

"कभी था मैं कल में,
कभी था मैं कल में !
कभी बीते कल में,
कभी जो आया ना उस पल में !"

"पर आज जब मेरे सामने,
तो रहूं क्यों मैं कल में ?
क्यों रहूं बीते कल में,
या आने वाले पल में !"

26. पाप धुलेंगे गंगा में

"यह सोचके कितने पाप किए,
कि पाप धुलेंगे गंगा में !
करते करते ना परवाह की,
यह आप धुलेंगे गंगा में !"

"हालत देख यह गंगा की,
ईश्वर स्वयं है रोया गंगा में !
नहीं गिनती करोड़ों पार भी,
कितना पाप है ढोया गंगा ने !"

"डसा है जिसने जान कर,
वह ना सांप धुलेंगे गंगा में !
अनजाने में हुए जो पाप,
वह आप धुलेंगे गंगा में !"

"मन धोने से मुकर गई है,
मेरा तन तो धोया गंगा ने,
गंगा ही है अंतिम सत्य,
देखो अंत भी अपना गंगा में !"

"बड़े - बड़े अभिमानियों का,
अभिमान बहाया है गंगा ने,
तीव्र प्रवाह दिखा रहा न जाने,
क्या क्या समाया है गंगा में !"

"करते-करते ना परवाह की,
यह आप धुलेंगे गंगा में,
यह सोचके कितने पाप किए,
कि पाप धुलेंगे गंगा में ।"

27. देख ढलते सूरज को

"देख ढलते सूरज को,
तेरा अंत तुझे दिख जाएगा !
खरीदा उम्र भर है जो भी,
एक क्षण में ही बिक जाएगा।"

"बड़ी बड़ी चट्टाने भी,
हुई बहुत हैं ढेर यहां !
तेरा अहंकार क्या चीज है,
जो क्षणभर भी टिक पायेगा।"

"देख ढलते सूरज को,
तेरा अंत तुझे दिख जाएगा,
खरीदा उम्र भर है जो भी,
एक क्षण में ही बिक जाएगा।"